Alessandra Roberti hat für den Nord-Süd Verlag
folgende Bilderbuchgeschichten illustriert:

Fuchs und Storch
Eine Fabel von Aesop, nacherzählt von Karl Rühmann

Wolf und Abel
Text von Sergio Lairla

Lektorat Mladen Jandrlic
© 2004 Nord-Süd Verlag AG, Gossau Zürich
Alle Rechte, auch die der Bearbeitung oder auszugsweisen Vervielfältigung,
gleich durch welche Medien, vorbehalten
Lithographie: Photolitho AG, Gossau, Schweiz
Gesetzt in der Centaur, 16 Punkt
Druck: Proost N.V., Turnhout

ISBN 3 314 01313 2
Besuchen Sie uns im Internet: www.nord-sued.com

Das Geschenk fürs Christkind

Eine Geschichte von Tina Jähnert
Mit Bildern von Alessandra Roberti

Nord-Süd Verlag

Miriam wusste, was sie wollte. Sie wünschte sich von ganzem Herzen, dass sie größer wäre und nicht erst vier.

Malakai, ihr großer Bruder, der war wichtig, richtig wichtig – rund ums Gasthaus in Betlehem. Der durfte Dinge tun, von denen Miriam nur träumen konnte.
Sie dagegen hörte immerzu die Worte: »Miriam, lass es, dafür bist du noch zu klein!«

Sie sah die vielen Leute. Seit Wochen kamen sie nach Betlehem, um sich einzutragen, in die Bücherrollen, denn alle – ALLE – wurden sie gezählt.

Und deshalb gab es mehr zu tun als je zuvor. Mama kochte, Papa bediente und Malakai, der durfte jeden Morgen alleine auf die Märkte gehen: Gemüse kaufen, handeln, reden.
Nur sie, die Kleinste, wurde immer übersehen.

Doch heute hatte sie endgültig genug davon.
Zuerst nahm sie ihre heißgeliebte Schmusedecke,
denn die half und die gab Trost, und dann
kletterte sie mutig der Mama auf den Schoß.
»Mama, ich will auch was tun und wichtig sein!«
»Aber Miriam, mein Schatz, fürs Kochen oder
Wassertragen bist du wirklich noch zu klein. Doch
glaube mir, du bist wichtig, für mich und jeden,
der dich kennt. Ganz einfach, weil du da bist, einmalig
auf der ganzen Welt. Aber wenn du so sehr helfen
möchtest, darfst du das. Ich werde mich von nun an
immer wieder fragen, ob meine kleine Miriam nicht
das eine oder andere erledigen kann.«
Miriam nickte: »Abgemacht! Ich geh jetzt spielen,
bis du rufst!«

Miriam spielte mit dem kleinen Lamm
und Hannah, ihrer Puppe.
Sie alberte mit Malakai herum, bis eine
große Gruppe neuer Gäste kam und er
tüchtig helfen mußte.

So viele fremde Leute waren nun in ihrem Gasthaus.
Sie rannten rein, sie rannten raus und machten einen
riesengroßen Lärm.
Es war so laut, dass Miriam es fast nicht hörte,
als ihre Mama rief: »Miriam, Miriam, kannst du
mir helfen? Bitte!«
Miriam raste durch die Küche, noch zwei Schritte,
und schon war sie bei der Tür zum Hinterhof.
»Was darf ich tun?«, rief sie Mama atemlos entgegen.

Da sah sie, dass ihre Mama nicht alleine war. Bei ihr
waren ein Mann und eine junge Frau auf einem Esel.

»Miriam, könntest du bitte die zwei Gäste zum Stall hinunterführen?«, bat Mama. »Das Haus ist voll. Drinnen habe ich keinen einzigen Platz mehr für die Nacht. Gib gut Acht, dass der kleine Esel nicht auf den glatten Steinen rutscht.«

Miriam strengte sich ganz mächtig an. Sie wusste, dass es wichtig war, den besten Weg zu finden. Langsam, ganz langsam ging sie voran, den schmalen Weg zum Stall hinunter.

Miriam hatte nicht gedacht, dass es der jungen Frau im Stall gefallen würde. Deshalb war sie sehr erstaunt, dass sie keine Klagen hörte. Die junge Frau pries Gott im Himmel für die Stille und das frische Stroh. Sie dankte Gott für die Tiere und das kleine Lamm. Das machte Miriam sehr froh und glücklich.

Viel zu früh kam Malakai mit der Botschaft:
»Zeit fürs Bett«.
Da hörte sie ein leises »Gute Nacht«.
Es war die junge Frau, die sprach.
Und Miriam merkte, dass sie auch müde war.
Es war ein langer Tag gewesen.

Papa gab ihr einen dicken Kuss, und Mama
brachte sie ins Bett.
Miriam drückte ihre Schmusedecke fest
an sich und murmelte ihr Nachtgebet.
Schon war sie weg, im Land der Träume.
Sie schlief tief und fest, bis etwas ganz
Ungewöhnliches geschah.

Plötzlich wurde Miriam wach, und das mitten in der stillen Nacht.
Warum brannte Licht im Stall?
War das nicht sonderbar?
Sollte sie kurz runtergehen, um nachzusehen, ob die beiden im Stall etwas brauchten?
Rasch nahm sie ihre Schmusedecke, die war kuschlig warm.
Und schon war sie auf dem Weg.

Was sie dann sah, war so wunderschön, dass Miriam es nie wieder vergessen würde. Die junge Frau hielt ein neugeborenes Kind in ihren Armen.
Sie sah sehr glücklich aus.

Plötzlich wusste Miriam, was sie machen sollte.

Sie nahm ihre weiche Schmusedecke von den
Schultern und legte sie zusammen – einmal und ein
zweites Mal. Vorsichtig legte sie die kleine Decke
auf die strohgefüllte Krippe.
»Das möchte ich dem kleinen Baby schenken.«

Miriams Herz klopfte vor Freude, als sie sah,
wie die junge Mutter das Baby behutsam auf ihre
Decke in die Futterkrippe legte.

Dann klopfte es. Draußen standen Hirten! Sie sprachen aufgeregt von Engeln, die ihnen verkündet hatten, dass heute Christus, der Retter der Welt, geboren war.
Miriam lauschte gebannt. Plötzlich waren auch Mama, Papa und Malakai da. Ehrfürchtig traten sie alle an die Krippe heran. Voller Freude und Dank lobten sie Gott. Mama zeigte auf die rote Decke und sagte: »Das war sehr lieb.«
Da wusste Miriam, dass sie wichtig war, nicht nur für Mama – auch für das Kind in der Krippe und jeden Menschen, den sie traf.